Bulbulinhos da Terra Renascente

Iolanda Serapicos

Letras Ausentes Unipessoal Lda.

FICHA TÉCNICA
Título original: Burburinhos da Terra Renascente
Autora: Iolanda Serapicos
Editora: I. Calheiros
Design de Capa: Elisa Reis

@2024, Letras Ausentes Unipessoal LDA.
ISBN: 979-8-89214-081-2

Letras Ausentes Unipessoal LDA.
4100-375 Porto, Portugal
ola@letrasausentes.com
www.letrasausentes.com

Índice

Apresentação

Permitam-me partilhar um pouco do meu universo, uma jornada que atravessa as fronteiras do visível para tocar o coração da existência.

O meu nome é Iolanda Serapicos, e a minha alma encontrou na poesia e na ioga caminhos para explorar as profundezas do ser e do universo. O meu primeiro livro foi um convite à introspeção, um mergulho no silêncio sagrado que habita dentro de cada um de nós. Foi a minha maneira de tecer palavras em asanas, posturas que nos ajudam a encontrar equilíbrio e paz interior.

Mas o avodado do mundo exterior, com os seus sussurros e clamores, não podia ser ignorado. À medida que me aprofundava na minha própria jornada espiritual, percebia que a verdadeira iluminação não se encontra apenas no olhar para dentro, mas também no reconhecimento da nossa intrínseca conexão com tudo o que existe. Assim nasceu o meu livro "*Burburinhos da Terra Renascente*", um projeto que reflete o meu profundo compromisso com a consciência ambiental.

Nestes poemas, deterei a essência do mundo natural, a sua beleza inefável, a sua força resiliente e, acima de tudo, a sua vulnerabilidade diante das ações humanas. A minha poesia é um apelo ao coração, um convite para que cada um de nós se veja como parte integrante, e não dominante, deste magnífica riqueza que a vida tem.

Acredito que a sustentabilidade transcende práticas e políticas; começa no reino do espírito, na forma como percebemos e relacionamo-nos com o mundo. Cada verso que escrevo é uma tentativa de despertar essa perceção, de encorajar uma vivência onde amor, compaixão e respeito pela Terra sejam os alicerces da nossa existência.

Vivemos em tempos de desafios sem precedentes, mas também de oportunidades incríveis para a transformação. Através da minha poesia, espero inspirar novos pensamentos que levem à ação, que cada palavra seja uma semente plantada no solo fértil da consciência coletiva, crescendo em direção a um futuro onde o ser humano e a natureza coexistam em harmonia.

A minha missão é ser uma ponte entre o coração humano e o coração do mundo, revelando a interconexão que nos une a tudo. A poesia é o meu meio, mas a mensagem é de todos nós, um chamado à união, à cura e ao amor incondicional.

Cada poema inspirará reflexão e ação, abrangendo temas desde a urgência climática até soluções práticas e inovações que promovem a sustentabilidade. Estes poemas poderiam explorar a beleza intrínseca do mundo natural, as consequências da atividade humana no meio ambiente, e as maneiras pelas quais podemos trabalhar juntos para criar um futuro mais verde e justo para todos.

o

Obrigada por emprestarem os vossos ouvidos e corações a esta jornada. Que possamos caminhar juntos, tecendo sonhos sustentáveis para as gerações futuras.

O Último Suspiro da Floresta

"**O** Último Suspiro da Floresta", reflete sobre a ligação profunda e intrínseca entre a humanidade e as florestas do mundo.

A floresta, na sua vastidão e mistério, sempre serviu de lar para a imaginação humana, um lugar onde mitos nascem e a natureza fala diretamente ao coração. No entanto, neste momento de crise climática, as nossas florestas enfrentam ameaças sem precedentes — desmatamento, incêndios florestais e alterações climáticas dilaceram este tecido vital do planeta Terra. "O Último Suspiro da Floresta" não é apenas uma elegia à beleza e à complexidade desses ecossistemas, mas também um chamamento urgente à ação. Recorda-nos que ao proteger as nossas florestas, salvaguardarmos o nosso próprio futuro, respirando juntos no ritmo da vida. Este poema é uma viagem ao coração da floresta, um convite para ouvir o seu último suspiro antes que seja tarde demais.

Adicionalmente ,este poema cogita ser um manifesto poético que inspira não apenas tristeza pela perda, mas também esperança e determinação para agir em favor das florestas e, por extensão, da vida na Terra.

O Último Suspiro da Floresta

Nas sombras onde os sonhos se trançam
Onde as raízes abraçam o coração da Terra
Ali repousa a alma antiga sussurrando
No crepúsculo, o último suspiro da floresta

No manto verde, um reino se esconde
Onde cada folha conta uma história antiga
Mas agora, as suas vozes, outrora vibrantes
Ecoam frágeis, na melodia da última litania

Gigantes caem sob o gume da ganância
O seu lamento se espalha pelo vento
Testemunhas de eras reduzidas a cinzas
No último suspiro, a floresta chora o seu lamento

Mas ainda há esperança nas sementes
No silêncio, elas aguardam, resilientes
Pois mesmo na despedida dolorosa
A vida insiste, persiste, valente

Que este suspiro não seja o canto final
Mas um despertar para a consciência global
Que mãos se unam em defesa da vida
Para a floresta respirar, imortal

Na dança eterna de criação e destruição
O último suspiro pode ser o primeiro de renovação
Onde cada árvore, cada folha, cada ser
Celebra a vitória da vida, em união

Cantos do Rio em Lágrimas

O "Cantos do Rio em Lágrimas" é um poema que evoca uma profunda sensação de melancolia e perda, mas também carrega em si a beleza inerente à natureza e à capacidade humana de expressar emoção através da arte. Este poema que não apenas lamenta as adversidades enfrentadas pelos rios — sejam elas poluição, desvio de curso para construção de represas, ou a exploração insustentável dos seus recursos — mas também celebra a vida e a resiliência que esses corpos d'água representam.

Antes de mergulhar nas águas líricas deste poema, é importante reconhecer os rios como veias pulsantes do nosso planeta, fundamentais para a biodiversidade e para a sobrevivência humana. O "Cantos do Rio em Lágrimas" capturará a dualidade dos rios: símbolos de vida e renovação, mas também testemunhas silenciosas dos impactos ambientais e sociais causados pela ação humana. Este poema é um aceno para ouvir os cantos muitas vezes ignorados dos nossos rios, entender as suas lágrimas e refletir sobre o papel que cada um de nós desempenha na proteção dessas preciosas fontes de vida.

Assim, este poema é um apelo emocional para reconectar com os rios do mundo, compreender as pressões que enfrentam e tomar ações conscientes para a sua preservação. É um tributo à beleza e à força vital dos rios, bem como despertar da responsabilidade coletiva de cuidar dessas fontes de vida.

Cantos do Rio em Lágrimas

Nas margens onde outrora crianças brincavam
E os anciãos sábios as suas histórias contavam
Jaz agora o silêncio, pesado e sombrio
Sob o olhar do rio, no seu leito frio

Águas que cantavam, límpidas e vivas
Hoje murmuram tristes, e em lágrimas cativas
Contam de tempos, ricos de pureza
Antes da chegada da humana dureza

Onde peixes dançavam, em harmonia bailavam
Agora nas redes vazias, em silêncio, choram
E as árvores às margens, em luto, inclinam-se,
Pelas vidas perdidas, em lágrimas exprimem-se

Mas ainda no crepúsculo, uma esperança resplandece
Na superfície das águas, uma luz breve aparece
É o canto do rio, que ainda persiste
Clamando por cuidado, que enfim ressurja e existe

"Não me deixem morrer", o rio implora
As suas lágrimas, uma mensagem, agora e na hora
Que possamos ouvir, e finalmente entender
Que salvar os nossos rios é nos reencontrar e renascer

Assim, que os cantos do rio em lágrimas
Se transformem em ações, em esperanças claras
Para que um dia, as águas voltem a cantar
Num mundo onde rios e homens possam juntos caminhar

Sinfonia da Reciclagem

O poema "Sinfonia da Reciclagem" convoca imagens de harmonia, renovação e esperança, tecidas através do ato consciente de reciclar. Este poema sugere uma composição musical onde cada movimento, cada nota, é fruto do que muitos considerariam descartável, trazendo à luz a beleza oculta na transformação e reutilização. A reciclagem, mais do que um processo físico, é aqui elevada à categoria de arte, uma composição onde humanidade e natureza colaboram para criar um futuro mais sustentável.

A introdução deste poema visa inspirar uma reflexão sobre o impacto das nossas escolhas de consumo e o poder transformador da reciclagem. A "Sinfonia da Reciclagem" não apenas celebra os esforços individuais e coletivos para reduzir, reutilizar e reciclar, mas também enfatiza a importância de viver em harmonia com o mundo ao nosso redor. Ao ler este poema, somos requisitados a ouvir as melodias subtis geradas pelas nossas ações responsáveis e a reconhecer o papel crucial que desempenhamos na condução desta orquestra planetária rumo à sustentabilidade.

A "Sinfonia da Reciclagem" é um hino à criatividade e ao potencial ilimitado de transformação que reside na consciência ambiental. Este poema recorda-nos de que, juntos, podemos compor um futuro onde a harmonia entre o ser humano e a natureza não seja apenas possível, mas seja a base da nossa existência.

Sinfonia da Reciclagem

Nas ruas e vielas, em ritmos dispersos
Ressoam os passos dos guardiões do universo
Carregam nas mãos, não apenas lixo
Mas notas soltas de um futuro propício

Em cada garrafa, uma flauta se esconde
Nos jornais velhos, papéis que respondem
Plásticos, vidros, em cordas transformam-se
Na grande orquestra, juntos, eles somam-se

O maestro levanta, com gesto preciso
A batuta invisível do destino indeciso
"Reciclemos", ele clama, em tom tão fervoroso
Por um mundo mais limpo, belo e glorioso

Latões batem forte, como tambores a ecoar
Alumínios sussurram, prontos a brilhar
Cada fragmento, uma oportunidade de renascer
Na sinfonia da reciclagem, aprendemos a ver

E assim, cada gesto, pequeno ou grandioso
Compõe a melodia do amanhã virtuoso
Por entre acordes de esperança e ação
Ecoa a sinfonia da nossa salvação

Que esta sinfonia, de reciclagem e paixão
Inspire corações, em cada nação
A tocar a música da terra com cuidado
E dançar no ritmo do amor renovado

As Raízes Profundas, Céus Limpos

A s "Raízes Profundas, Céus Limpos" evoca uma imagem de equilíbrio e harmonia entre a terra e o ar, um apelo à conexão intrínseca entre o solo que pisamos e o espaço infinito acima de nós. Este poema preconiza uma relação simbiótica, onde a saúde e a vitalidade do nosso planeta repousam tanto na profundidade e força das nossas raízes culturais e naturais, quanto na clareza e pureza dos nossos céus. Ele aconselha-nos a refletir sobre como as ações humanas têm impacto direto na atmosfera terrestre e, inversamente, como um ambiente aéreo saudável é essencial para a vida em todas as suas formas.

Neste contexto, "Raízes Profundas, Céus Limpos" serve como uma metáfora para a sustentabilidade ambiental e a necessidade de viver de maneira que nutra tanto o solo sob os nossos pés quanto o ar que respiramos. O poema que se segue é uma homenagem à beleza da natureza intocada, à responsabilidade que partilhamos em preservar este equilíbrio delicado para as gerações futuras.

As "Raízes Profundas, Céus Limpos" é um apelo à consciência, uma recomendação para que cada um de nós contribua para a preservação do nosso planeta. Neste poema experienciamos que a verdadeira beleza e saúde do nosso mundo residem na interconexão entre a terra e o céu, entre o passado e o futuro, e que cabe-nos zelar por essa harmonia.

As Raízes Profundas, Céus Limpos

Na vastidão de um céu azul cristalino
Onde o horizonte beija o amanhecer divino
Estendem-se as raízes, em silêncio, aprofundando
Na terra sagrada, com amor, se ancorando

Cada árvore, cada planta, um guardião ancestral
Com histórias entrelaçadas no seu núcleo central
As suas folhas sussurram segredos ao vento
Histórias de tempos, sem esquecimento

Elevam-se os troncos, firmes e altivos
Desafiando o tempo, imponentes e vivos
As copas dançam com a brisa suave
Num balé etéreo, puro e suave

Mas acima, no reino do azul infinito
Jaz o desafio, o propósito bendito
Manter os céus claros, livres e limpos
Espelhos de águas, em lagos e rios plácidos

Por entre as raízes e o azul-celeste
Existe um pacto, um elo celeste
Um compromisso de cuidado e amor
Pela terra que nos sustenta, com fervor

Que as nossas ações reflitam esta missão
De cultivar raízes fortes, com dedicação
E que, olhando para os céus tão vastos
Lembremos de viver para mantê-los castos

Neste ciclo de dar e receber
Podemos, juntos, prosperar e crescer
Com raízes profundas e céus sempre limpos
Honramos a Terra, com os nossos hinos

A Dança do Vento Solar

O poema "A Dança do Vento Solar" transporta-nos para além das fronteiras terrestres, convidando--nos a um espetáculo cósmico que ocorre no vasto palco do universo. Este poema evoca uma imagem de movimento e energia fluindo através do espaço, sugerindo o fenómeno fascinante pelo qual o Sol, esta estrela central da nossa existência, emite um fluxo contínuo de partículas carregadas. Essas partículas, ao interagirem com os campos magnéticos dos planetas, dão origem a um balé de luzes celestiais, conhecido entre nós como as auroras boreais e austrais.

"A Dança do Vento Solar" é uma metáfora para as forças invisíveis que direcionam o ritmo da vida, não apenas na Terra, mas em todo o cosmos. É um convite para refletir sobre a interconexão de todos os fenómenos naturais e a beleza que surge dessa harmonia universal. Este poema é uma homenagem à curiosidade humana e ao nosso eterno fascínio pelo desconhecido, celebrando a dança eterna entre a luz e a escuridão, entre o visto e o invisível.

"A Dança do Vento Solar" é uma ode à perpetuidade do movimento, à constante transformação energética que define o universo. A essência deste fenómeno, inspira-nos a um sentimento de admiração e respeito pela ordem natural das coisas. É uma viagem pelas palavras para olharmos para o céu com um novo olhar, percebendo a grandiosidade das forças que moldam a nossa existência e o tecido do espaço-tempo.

A Dança do Vento Solar

No véu da noite, onde estrela cintilam em coro
Um espetáculo se desdobra, sublime e sonoro
O vento solar, na sua jornada incansável
Traça caminhos invisíveis, indomável

Partículas dançantes, em velocidade
Cruzam o vácuo, na mais pura liberdade
Como pintores de um quadro cósmico sem fim
Desenham auroras, um milagre a cada jardim

Neste balé de luzes, onde o céu é tela
A natureza orquestra a cena mais bela
Verdes, rosas e violetas em harmonia
Uma sinfonia de cores, em pura magia

Sob a batuta do Sol majestoso
O vento solar entoa o seu canto glorioso
Numa dança que atravessa eras e distâncias
Celebra a união das forças nas suas danças

Em cada espiral, em cada onda que flui
Um lembrete da força que no universo construi
A dança do vento solar, etérea e divina
Nos ensina sobre a beleza que nos destina

Por entre planetas e astros, num voo sem fim
Esse vento sussurra segredos do cosmos a mim
Na imensidão escura, uma luz que persiste
A dança do vento solar, que sempre existe

Lamentações da Terra Esquecida

As "Lamentações da Terra Esquecida" evoca um sentimento de melancolia profunda e de reflexão sobre o estado do nosso planeta. Este poema transmite uma narrativa que se debruça sobre as cicatrizes deixadas pela humanidade na Terra, abordando temas como a degradação ambiental, o esquecimento das tradições que nos ligam à natureza e a perda de paisagens outrora intocadas e belas. É um prelúdio para uma jornada introspetiva, conduzindo-nos por caminhos sombrios de memórias e consequências de ações passadas, revelando a fragilidade e a beleza escondida no meio do caos provocado pelo homem.

Este poema serve como um espelho, refletindo não apenas o impacto das nossas escolhas no mundo natural, mas também a urgência de reconhecermos e valorizarmos o que ainda resta de puro e selvagem no nosso planeta. Nas "Lamentações da Terra Esquecida" podemos esperar uma abertura para a consciencialização e para a mudança, pedindo que olhemos além do horizonte imediato e consideremos o legado que desejamos deixar para as gerações que nos precedem.

Além disso, as "Lamentações da Terra Esquecida" é um apelo poético à responsabilidade coletiva e individual que temos para com o nosso planeta. Por meio das suas estrofes, busca-se inspirar uma reflexão sobre como podemos transformar o lamento em ação, reencontramo-
-nos com a Terra e trabalhando juntos para restaurar o equilíbrio e a harmonia perdidos. Neste poema somos chamados à atenção que apesar das adversidades, ainda há tempo para mudar o curso da nossa história e deixar um legado de respeito e amor pelo mundo natural.

Lamentações da Terra Esquecida

Sobre a face desgastada deste chão,
Ecoam os sussurros de uma antiga canção.
Melodias de rios outrora cristalinos,
Hoje murmuram segredos turvos e assassinos.

Nas florestas, onde a vida tecia o seu manto,
Restam apenas sombras e o desespero do pranto.
Árvores ancestrais, em silêncio, testemunham
Os cortes profundos que a suas almas consumam.

O céu, que pintava auroras e crepúsculos vivos,
Agora chora lágrimas ácidas nos seus olhos cativos.
O ar, companheiro de cada respirar,
Tornou-se um veneno, difícil de suportar.

Animais, nossos irmãos nesta jornada terrena,
Fogem, desaparecem, na mais cruel cena.
As suas vozes, que cantavam em harmonia a vida,
São agora lamentos que a dor convida.

E o homem, ah, o homem! Cego na sua ambição,
Não vê que constrói a sua própria prisão.
Esqueceu-se de ouvir, de respeitar, de amar,
Ignorando que, sem a Terra, não há lar.

Mas ainda, no meio das ruínas, uma esperança brilha,
Um vislumbre de união, uma nova semente que trilha.
Por entre as lágrimas, a Terra clama por cuidado,
Por mãos dadas, corações unidos, um futuro partilhado.

Que as lamentações da Terra Esquecida,
Sejam lições aprendidas, na cura da ferida.
Que despertemos para a beleza que nos rodeia,
Honrando a vida, em cada gesto, em cada ideia.

Sementes de Esperança no Asfalto

As "Sementes de Esperança no Asfalto" é uma metáfora vibrante que nos invita a contemplar a resiliência e a força da natureza, bem como a capacidade humana de encontrar esperança nos lugares mais inesperados. O título proporciona um contraste entre a dureza e a frieza do asfalto — símbolo da urbanização e do progresso humano — e a tenacidade das sementes, que, contra todas as probabilidades, procuram a luz e a vida. É uma reflexão sobre o renascimento, a perseverança e a beleza que emerge no meio da adversidade, destacando a possibilidade de mudança e crescimento mesmo nas condições mais desafiadoras.

As "Sementes de Esperança no Asfalto" é uma ode à capacidade de superação e adaptação, tanto da natureza quanto do ser humano. Através deste poema, somos solicitados a refletir sobre o nosso papel no cuidado com o ambiente ao nosso redor e a importância de preservarmos e valorizarmos esses pequenos milagres de vida que, apesar dos percalços, continuam a nos surpreender e inspirar. É uma mensagem de otimismo e de apreciação pela resiliência da vida em todas as suas formas.

Apesar do avanço implacável da civilização humana, que muitas vezes deixa pouco espaço para o natural, há ainda sinais de esperança e vida pulsando sob a superfície. As "Sementes de Esperança no Asfalto" celebra estes momentos de reconexão com a natureza e encoraja-nos a reconhecer e nutrir estas pequenas, mas significativas, manifestações de resistência e esperança.

Sementes de Esperança no Asfalto

Nas fissuras do concreto, entre passos apressados
Germinam sonhos verdes, por muitos ignorados
Neste deserto cinzento, de ritmo frenético
Brotam, tímidos, vestígios de um milagre poético

O asfalto, vasto e impiedoso, palco da nossa corrida
Esconde, nas suas brechas, a essência da vida
Sementes de esperança, em silêncio, aguardam
O momento de romper, de florescer, de mostrar-se
ousadas

Pequenas, mas audazes, desafiam o destino
Crescendo onde menos se espera, traçando novo caminho
Verdejantes folhas dançam ao sussurro do vento
Narrando histórias de persistência, sem um único lamento

É na simplicidade dessa luta diária
Que encontramos lições, uma verdade primária
Mesmo sob o peso de um mundo de pedra e aço
A vida encontra o seu espaço, o seu passo, o seu laço

Que estas sementes sejam metáforas vivas
Inspiração para almas cansadas, mas ativas
Que nos lembrem da força que reside no pequeno
Na capacidade de florescer, mesmo quando o solo parece
ameno

Olhemos para baixo, para além do cinza que nos cerca
E vejamos, com olhos de ver, a esperança que se oferta

Pois mesmo no asfalto, a vida se faz presente
E nas menores frestas, brota, resiliente

Que as sementes de esperança no asfalto nos ensinem
Não há deserto tão árido que o desejo de viver não redime
Por entre pedras e obstáculos, o nosso coração clama por
mais
Por um mundo onde a natureza e o homem andem em paz

O Despertar das Energias Renováveis

"O Despertar das Energias Renováveis" é uma expressão que evoca a transição paradigmática da humanidade em direção a fontes de energia mais sustentáveis e harmoniosas com o meio ambiente. Este título propõe-nos a refletir sobre um momento de transformação global, onde a consciência coletiva se inclina cada vez mais para o aproveitamento do sol, do vento, da água e da terra como aliados na geração de energia. Representa uma era de inovação e de respeito ao planeta, um período em que as velhas estruturas baseadas em combustíveis fósseis dão lugar a alternativas que prometem um futuro mais limpo e equilibrado.

Este movimento não é apenas uma mudança tecnológica, mas uma verdadeira revolução cultural e espiritual, onde cada indivíduo e sociedade na totalidade despertam para a importância de viver em harmonia com a natureza, reconhecendo-a não como uma fonte a ser explorada, mas como uma parceira vital na jornada humana. "O Despertar das Energias Renováveis" é, portanto, um chamado à ação, um estimulo para abraçarmos a luz, o vento, a água e a terra, e transformá-los em pilares de uma nova era de prosperidade partilhada e sustentabilidade.

"O Despertar das Energias Renováveis" é mais do que um poema; é um manifesto poético que celebra a jornada humana rumo a uma convivência mais sustentável e equilibrada com o planeta. Encarna a esperança e a determinação necessárias para enfrentar os desafios ambientais da nossa época, inspirando ação e reflexão sobre o papel vital que cada um de nós desempenha nesse processo transformador. É um despertar para sermos agentes de mudança, portadores de luz e guardiões do futuro.

O Despertar das Energias Renováveis

No azul infinito, um novo dia desponta
E com ele, uma era onde a esperança se afronta
Onde os ventos narram histórias de mudança
E o sol brilha mais forte, cheio de esperança

Nas águas correntes, um murmúrio persistente
De um mundo que clama por um futuro diferente
A terra, generosa, oferece o seu calor
Num convite aberto para um amanhã melhor

Essa é a era do despertar, onde tudo se transforma
Onde a energia flui livre, numa nova norma
Não mais fumaça e cinzas a manchar o céu
Mas um manto de luz, puro e fiel

Turbinas giram ao sussurro do vento
Painéis capturam raios, em constante movimento
Nas profundezas da terra, o calor nos presenteia
E nas correntes dos rios, uma força que almeja

Um futuro onde todos possam viver
Sem temer o amanhã, sem ter o que perder
Onde energia limpa não é mais sonho, mas realidade
Fruto da nossa vontade, trabalho e lealdade

Ao chegar o tempo de abrir os olhos e ver
Que o poder de mudar está no nosso ser
No despertar das energias renováveis, uma lição
Que para curar o mundo, começa-se com uma decisão

Então ergamos as nossas vozes, mãos e corações
Em prol de um planeta livre de poluições
Que o despertar das energias renováveis seja o nosso guia
Para um mundo de paz, amor e harmonia

Elegia aos Corais Brancos

A "Elegia aos Corais Brancos" emerge como um título profundamente evocativo, carregado de uma beleza sombria e de uma urgência que ressoa com os tempos atuais. Este poema não apenas introduz, mas também imerge-nos numa atmosfera de luto e contemplação sobre um dos mais vibrantes, porém vulneráveis, ecossistemas do nosso planeta: os recifes de coral. A expressão "corais brancos" refere-se ao fenómeno do branqueamento de corais, um sinal alarmante da deterioração ambiental causada pelas mudanças climáticas e outros fatores antropogénicos. Esta elegia, portanto, posiciona-se como um poema de lamento, mas também como um chamamento à consciência e à ação, refletindo sobre a perda e a beleza desvanecente dos corais, símbolos da biodiversidade marinha e indicadores da saúde do nosso planeta.

A "Elegia aos Corais Brancos" é um poema que transcende a mera expressão de luto, transformando-se num poderoso manifesto pela conservação marinha e pela responsabilidade coletiva na preservação da biodiversidade. Através dos seus versos, convida-nos a refletir sobre o impacto das nossas ações no mundo natural e a tomar medidas concretas para reverter os danos causados. É um apelo poético que inspirará mudança, esperança e um novo começo para os recifes de coral e para todos nós que partilhamos este planeta azul.

Elegia aos Corais Brancos

Em mares outrora azuis, sob céus infinitos
Jaz um reino esquecido, de silêncios e mitos
Onde a vida dançava em vibrantes matizes
Hoje restam apenas sombras e cicatrizes

Corais outrora dourados, de rubro fervor
Agora vestem branco, no seu último esplendor
Testemunhas do tempo, guardiões do profundo
Sob a ameaça do homem, sucumbem ao moribundo

A água se aquece, a luz se faz cruel
E o que era um paraíso, torna-se um réquiem fiel
Elegia aos corais, no seu leito de morte
Pela mão do descaso, encontraram a sua sorte

Mas ainda há tempo, ou assim queremos crer
Para os corais resgatar, para o mar renascer
Que esta elegia não seja um adeus, mas um alerta
Para despertarmos, antes que a porta se encerra

Não deixemos que o branco consuma o que é vivo
Que a indiferença se torne o nosso destino cativo
Lutemos pelos corais, pela vida, pela cor
Pelo direito ao futuro, pelo amor

Que esta elegia aos corais brancos ressoe
Como um grito que do silêncio ecoe
Por um mundo onde o homem e o mar possam conviver
Em harmonia, respeito, sem mais nada a perder

O Abraço da Mãe Terra

"O Abraço da Mãe Terra" desdobra-se como uma invocação poética à essência primordial que sustenta e nutre toda a vida. Este título, em si, é um convite à reflexão sobre a interconexão profunda entre o ser humano e o planeta que chamamos lar. A Mãe Terra, uma figura arquetípica representando a natureza na sua totalidade, é evocada aqui não apenas como fonte de vida, mas como o refúgio último, capaz de oferecer consolo, cura e sabedoria através do seu abraço simbólico. A escolha deste título prenuncia um poema que explorará a relação intrínseca entre a humanidade e o meio ambiente, destacando a necessidade de reconhecer, respeitar e proteger este vínculo sagrado. Mediante uma linguagem rica e eclética, pretende-se tecer uma tapeçaria de imagens e emoções que revele a beleza, a complexidade e a fragilidade deste enlace vital.

Este poema, "O Abraço da Mãe Terra", é uma celebração da vida em todas as suas formas e uma advertência sobre a urgência de agir para preservar este planeta que nos acolhe.

O Abraço da Mãe Terra

No manto estrelado, na quietude do crepúsculo
Ergue-se o sussurro ancestral, velado e múltiplo
A Mãe Terra, no seu leito infinito, estende os braços
Oferece refúgio aos filhos dos seus passos

Nas raízes profundas, memórias da criação
Onde se entrelaçam vida, morte e renovação
Cada grão de terra, cada gota de orvalho
Histórias milenares, num sopro tão ralo

Florestas sussurrantes, oceanos profundos
Montanhas que tocam os céus, desertos imundos
Em cada paisagem, um verso da mesma canção
O abraço da Mãe, na sua sublime exaltação

Mas oh! Quão esquecidos tornamo-nos, na nossa faina
Desatentos ao chamado, à essência que nos ensina
Rompemos os laços, cegos na nossa arrogância
Negligenciando o amor, a vida, a herança

Acordai, filhos errantes, ao abraço que aguarda
Antes que o silêncio se instale, que a última luz arda
A Mãe Terra, generosa, ainda nos estende a mão
Invocando um retorno, uma reconciliação

Que possamos ouvir, através do vento e da chuva
A voz que nos guia, suave e brava
Reatar os fios partidos, tecer um novo destino
No abraço da Mãe, encontrar o nosso caminho

Somente no lar que nos foi dado à nascença
Podemos florescer, em harmonia e clemência
"O Abraço da Mãe Terra", mais que um poema, uma prece
Pela cura do mundo, que ainda nos apetece.

Ciclos Eternos, Futuros Frágeis

"Ciclos Eternos, Futuros Frágeis" emerge como uma dicotomia poética que contempla a imutabilidade do tempo e a vulnerabilidade das esperanças e sonhos humanos. Este título evoca uma reflexão sobre a perene dança entre a permanência e a transitoriedade, entre o eterno girar dos ciclos da natureza e a delicada tessitura do futuro, tecida pelas mãos humanas. Através deste prisma, o poema propõe-se a explorar a complexidade da existência humana, enraizada em fundamentos imutáveis, mas sempre à mercê de um amanhã incerto. O contraste entre os "Ciclos Eternos" e os "Futuros Frágeis" serve como um convite a ponderar sobre a nossa posição no universo — conseguir alterar o curso da história, contudo eternamente subjugados às leis imutáveis do cosmos. Embarcamos, assim, numa jornada lírica que desvendará as camadas de significado por trás dessa interação, para pintar um quadro vasto na sua abrangência e íntimo no seu apelo.

"Ciclos Eternos, Futuros Frágeis" é, portanto, uma ode à dualidade da experiência humana, celebrando a constância da natureza enquanto lamenta a efemeridade das construções humanas. Este poema visa inspirar uma reflexão profunda sobre o nosso papel no universo, encorajando uma apreciação mais consciente do presente e um compromisso mais firme com a criação de um futuro sustentável.

Ciclos Eternos, Futuros Frágeis

Nas entranhas do cosmos, onde o tempo se desdobra
Giram esferas celestes, em harmonia soberba
Ciclos eternos, tecidos nas estrelas
Dançam ao compasso dos séculos, sentinelas

A Terra, no seu curso, não foge à regra
Ano após ano, a mesma saga se entrega
Primavera renasce, verão arde em chama
Outono derrama folhas, inverno reclama.

Mas, sob a abóbada celeste, frágeis sonhos brotam
Construídos em areia, ao vento, esvoaçam
Humanidade ousada, com o seu fardo de esperança
Tece futuros incertos, na balança

Em cada decisão, um fio do destino se entrelaça
Nosso legado, uma tapeçaria que o tempo abraça
Mas tão frágil é o fio, na teia da existência
Sujeito a caprichos, a mudanças, à contingência

Que possamos aprender com os ciclos da Terra
Valorizar cada momento, cada era
Por mais frágeis que sejam os nossos futuros aspirados
São eles que nos guiam, pelos astros navegados

Ciclos eternos lembram-nos: somos parte de algo maior
Mas, nas nossas mãos, repousa o poder criador
Que os nossos futuros frágeis, com cuidado, sejam incertos
Para que, nos ciclos do tempo, sejam eternizados

Pétalas de Luz Solar

No vasto jardim da existência, onde a vida se desdobra num vasto intrincado de momentos efémeros e eternidades passageiras, existe um fenómeno sublime que captura a essência da transitoriedade humana: as pétalas de luz solar. Este título não é meramente uma sequência de palavras escolhidas ao acaso, mas sim uma convocação poética, um chamado para contemplar a delicadeza e a força inerentes à nossa condição mortal. As pétalas de luz solar, na sua majestosa simplicidade, são metáforas vivas da nossa própria existência, flutuando no vasto oceano do tempo, iluminadas por um sol que tanto nos dá vida quanto sinaliza o inexorável avanço rumo ao crepúsculo.

As "Pétalas de Luz Solar" não é são um título; é um manifesto que celebra a magnificência do efémero, convidando-nos a refletir sobre a nossa própria transitoriedade, enquanto nos deleitamos na beleza passageira que é viver.

Pétalas de Luz Solar

Sob o céu de um azul imortal
Onde as nuvens dançam ao vento ancestral
Desabrocham, em esplendor, as pétalas de luz solar
Efémeras filhas da aurora, no seu etéreo altar

Nascidas do abraço entre o sol e a lua
Elas sussurram segredos da existência, tão crua
Refletindo nas suas cores, o espectro da vida
Desde a alvorada inocente até a despedida

Como pétalas arrancadas pelo sopro do destino
Viajamos no tempo, entre o divino e o peregrino
Buscando entre sombras e luzeiros
O significado dos nossos sonhos primeiros

E, assim, em cada pétala que ao solo retorna
Uma história se encerra, uma nova se adorna
Com as tintas do amanhecer e do entardecer
Pintamos o nosso caminho, sem temer o perecer

Nas pétalas de luz solar, efémeras, porém audazes
Encontramos a essência dos nossos dias, ávidos e vorazes
A lembrança de que, mesmo diante do infinito
A beleza da vida reside no mais ínfimo, no mais restrito

Que estas pétalas sejam faróis, na nossa jornada terrena
Iluminando os passos, na alegria e na pena
E que, ao final, possamos nos despedir
Como elas, num último brilho, prontos para partir

A Última Baleia Canta

Na imensidão azul que borda o horizonte das nossas almas, onde o silêncio é quebrado apenas pelo sussurro das ondas, reside um espetáculo de profunda melancolia e beleza inconcebível: o canto da última baleia. Este título, "A Última Baleia Canta", evoca uma sinfonia de emoções, uma ode à majestade dos oceanos e aos seus habitantes mais grandiosos, agora à beira do esquecimento. No meio das águas turvas da indiferença humana e das marés agitadas pela ganância, o canto desta derradeira sentinela ecoa como um lamento, uma prece para que não nos esqueçamos da sua antiga harmonia.

"A Última Baleia Canta" é uma evocação à nossa responsabilidade para com as criaturas deste planeta, uma chamamento para acordarmos e agirmos antes que o último canto se perca nas ondas do esquecimento. Que este poema sirva não só como uma elegia, mas também como um farol de esperança, guiando-nos em direção a um futuro onde todas as vozes do oceano possam ser ouvidas, em harmonia, mais uma vez.

A Última Baleia Canta

No véu prateado da lua, a maré desvela
Segredos antigos, sussurrados pela última sentinela
No manto estrelado, em solitária vigília
A última baleia entoa o seu réquiem, uma melodia que
fascina e arrepia

Ela canta não de encontros, mas de despedidas
De corais branqueados, de águas outrora vividas
A sua voz atravessa abismos, alcança corações
Um apelo desesperado entre conexões perdidas, entre
multidões

Canta a baleia, em versos de sal e espuma
Histórias de um reino esvaído na bruma
O seu canto é um mapa estelar, de uma jornada sem fim
Guiando os sonhos dos que ainda ouvem, mesmo no lusco-
-fusco tão sombrio e mau

Oh, gigante dos mares, a tua canção é um relicário
De memórias submersas, de um legado solitário
Nas profundezas azuis, onde o teu canto se faz lar
Ecoa a esperança, um desejo ardente de salvar

Em cada nota que flutua, livre e serena
Reside a força de uma vida que desafia a sua pena
A última baleia canta, não como um adeus, mas como um
convite
Para lutarmos, para que a sua canção nunca se limite

Enquanto a última baleia canta
Que o seu canto inspire, que a sua melodia nos encante
Que possamos aprender com a sua solitária sinfonia
A preservar a beleza deste mundo, antes que se torne
apenas utopia

O Eco do Consumo Consciente

Num mundo onde o incessante ruído do consumo desenfreado abafa o sussurro delicado da natureza, surge um apelo à mudança, uma sinfonia de consciência e responsabilidade. Este chamado ressoa com o título "O Eco do Consumo Consciente", provocando uma introspeção profunda sobre as marcas que deixamos no nosso caminho pela Terra. É um convite para dançarmos ao ritmo da Terra, em harmonia com os seus ciclos e limites, uma ode à sabedoria de viver de maneira que o amanhã não seja apenas uma promessa, mas uma certeza.

"O Eco do Consumo Consciente" não é apenas um conceito, mas um caminho para a redenção ambiental e social. Embora as ondas do consumismo possam ser altas e fortes, o eco das nossas ações conscientes pode viajar ainda mais longe, transformando o mundo num lugar onde a sustentabilidade não é apenas possível, mas palpável. Que este poema inspire a todos a ouvir mais atentamente o eco das suas próprias escolhas e a dançar ao ritmo da Terra, com respeito, amor e responsabilidade.

Permita-se, portanto, tecer este poema como um manto de reflexões, entrelaçando os fios da sustentabilidade com as cores vibrantes da esperança e da ação consciente.

O Eco do Consumo Consciente

Nas sombras do consumo, onde a voracidade se esconde
Ecoa um chamado, através do tempo, profundo e longe
"Despertem", sussurra o vento, "e vejam o que se tornou"
Um mundo de excessos, onde o essencial se dissipou

No tecido da existência, cada escolha é um ponto
Enlaçado na trama do todo, um laço tão tonto
Mas e se, por um instante, parássemos para repensar
E escolhêssemos o caminho menos percorrido, para
caminhar?

Ah, o eco do consumo consciente, música para nossos
ouvidos
Uma melodia de moderação, contra excessos tão temidos
Não é de privação que esta canção fala, mas de equilíbrio e
gratidão
De apreciar cada momento, cada objeto, com verdadeira
paixão

Imagine um rio de escolhas, límpido e revigorante
Onde cada gota reflete um futuro mais brilhante
Consumir com propósito, com respeito e amor
Para que o eco das nossas ações seja de valor

Em cada ato de consumo, uma semente é plantada
Na terra fértil da Terra, uma nova história é contada
Escolher conscientemente é cultivar um jardim
Onde a beleza e a sustentabilidade se encontram, enfim

Enquanto o eco do consumo consciente se espalha
Que inspire mudanças, pequenas e grandes, que valham
Que possamos ser guardiões deste mundo, em cada decisão
Preservando a magia da vida, a sua diversidade e a canção

Guardiões da Biodiversidade

No orbe azul que dança pelo cosmos, abrigando a miríade de formas de vida, emerge um título reverente e poderoso: "Guardiões da Biodiversidade". Este preâmbulo nos convoca a uma jornada através da riqueza da existência, onde cada joia é essencial para o majestoso tesouro da vida. Este título não é apenas uma designação; é um chamamento para a ação, um hino de honra à diversidade que pulsa no coração selvagem da Terra. É uma lembrança do nosso papel não como dominadores, mas como protetores amorosos da vasta panóplia de seres que partilham este planeta connosco.

"Guardiões da Biodiversidade" é uma identidade, uma vocação para todos nós que habitamos neste lar chamado Terra. Este poema pede-nos para abraçarmos essa missão com coragem e determinação, para sermos verdadeiros guardiões da magnífica diversidade que nos rodeia. Que sejamos a mudança que desejamos ver no mundo, protegendo cada espécie como se fosse um tesouro, pois, de facto, são. Que as palavras aqui tecidas sirvam de inspiração para que cada um de nós assuma o manto dos Guardiões da Biodiversidade, com amor, respeito e ação.

Guardiões da Biodiversidade

No manto estrelado, numa noite de reflexões
Erguem-se os Guardiões, no meio das constelações
Heróis sem capas, mas com corações ardentes
Zelando pela vida, por todos os seres viventes

Nas suas veias, corre o rio da sabedoria antiga
Conhecimento ancestral, que a cada desafio abriga
Caminham pelas sombras da floresta esquecida
Onde a voz da natureza, embora silenciada, ainda é ouvida

Com passos leves, trilham o caminho da compreensão
Respeitam cada criatura, cada forma de expressão
No olhar, carregam a chama da esperança, a luz guia
Iluminando as sombras, trazendo um novo dia

Eles sussurram aos ventos, conversam com a chuva
Dialogam com a terra, numa linguagem tão sua
Cada planta, cada animal, um irmão, uma irmã
Parte do grande ciclo, da eterna dança pagã

Mas oh! Como a tempestade do descaso se aproxima
Ameaçando o equilíbrio, a harmonia que se estima
Os Guardiões erguem-se, fortes, contra a maré
Defendendo a biodiversidade, com fé

"Unamo-nos", eles clamam, "pela Terra, a nossa mãe
Pela água, pelo ar, pelo bem que ainda vem
Sejamos os guardiões, de todo o coração e mente
Pela biodiversidade, eternamente"

O poema dos Guardiões ecoa, vasto e profundo
Um grito de guerra, de amor, por todo o mundo
Que cada palavra inspire ação, um novo despertar
Para que juntos possamos, a biodiversidade, salvar

Declaração de Amor ao Planeta

Numa era na qual a prosa da existência se emaranha cada vez mais com os fios da urgência e da esperança, surge um título que não apenas evoca emoção, mas também incita a reflexão e a ação: "Declaração de Amor ao Planeta". Este prelúdio conduz-nos a embarcar numa jornada poética, onde as palavras são pinceladas de amor, respeito e admiração pela Terra, a nossa casa cósmica. Não se trata apenas de expressar sentimentos efémeros, mas de eternizar em versos o compromisso profundo com a preservação e valorização do único lar que conhecemos. Neste espírito de veneração e responsabilidade, tece-se, com a delicadeza das manhãs de orvalho e a força das tempestades, uma ode à magnificência do nosso planeta.

A "Declaração de Amor ao Planeta" transcende as fronteiras do meramente poético para ancorar-se nas profundezas da ação consciente e da responsabilidade partilhada. Que estas palavras sirvam não apenas como uma homenagem à imensurável beleza e generosidade da Terra, mas também como um alerta vigoroso do nosso papel como cuidadores e admiradores deste magnífico lar. Que o amor expresso aqui inspire cada um de nós a honrar, proteger e celebrar o nosso planeta, não apenas em palavras, mas em cada escolha, em cada ato, diariamente. Porque amar a Terra é amar a nós mesmos e às futuras gerações.

Declaração de Amor ao Planeta

No berço azul-celeste, onde os sonhos se entrelaçam
Ecoa uma declaração, nas estrelas refletidas
Amor profundo ao planeta, em versos se desenha
Paixão pela Terra, eternamente concebida

Ó, esfera de mistérios, de beleza sem par
Tua pele, mosaico de desertos e oceanos
Coberta de florestas, onde o verde a bailar
Dança ao som dos ventos, sob os céus soberanos

Os teus rios, veias pulsantes de água cristalina
Alimentam a vida, no teu seio tão fecundo
Cada criatura, obra-prima divina
Celebra a existência, neste canto do mundo

Mas, ah! Como temos falhado, minha amada
Na custódia deste jardim, ferimos-te, sem razão
Ainda assim, a tua paciência não se esvai, não se esfuma
Nos acolhes, ensinas a lição do perdão

Neste altar de estrelas, sob a lua a brilhar
Prometo ser guardiã, dos teus bosques, dos teus mares
Por cada amanhecer, por cada entardecer a contemplar
Juramento de cuidar, enquanto os dias a deslizarem

Que esta declaração, mais que palavra ao vento
Seja ação, seja mudança, em cada gesto, cada intento
Por ti, minha Terra, o meu coração eternamente rendido
Compromisso de amor, em cada passo, indefinido

O Chamado da Floresta Virgem

Nas profundezas do tempo, muito antes de o homem marcar a Terra com os passos da civilização, existia um santuário de vida e mistério insondável. Este éden esquecido, uma tapeçaria de verde impenetrável e biodiversidade sem par, ainda sussurra aos corações daqueles dispostos a ouvir: "O Chamado da Floresta Virgem". Este título não é apenas uma sequência de palavras, mas a porta de entrada para um reino onde a natureza fala em línguas de sombra e luz, e onde cada folha e criatura tem uma história entrelaçada na eternidade. Com humildade e reverência, tenho em vista capturar, em versos, a essência indomável e sagrada destes santuários terrestres, para podermos relembrar e honrar o sopro primordial da nossa existência. Que estas palavras inspirem não apenas a admiração pela majestade da natureza, mas também o compromisso firme de proteger, preservar e coexistir respeitosamente com o nosso mundo. Que possamos todos atender ao chamado, não como visitantes passageiros, mas como filhos dedicados deste planeta, trabalhando para restaurar e amar.

O Chamado da Floresta Virgem

Em silêncio, escuto o chamado, profundo, ancestral
De raízes que tecem histórias no solo sagrado
Floresta virgem, guardiã de mistérios sem igual
O seu hálito é o sopro da vida, puro, inalterado

A sua copa, um firmamento verde, celeste abóbada
Onde orquestra de aves entoam cantos divinais
Cada folha, cada gota de orvalho, é vida
À interconexão da existência, laços imortais

Caminho pelos santuários, templos não erguidos
Onde o solo é altar, e a luz, prece matinal
Em cada sombra, um segredo, nos é revelado
Pela linguagem do vento, do rio, ritual

Monumentos vivos, árvores ancestrais, se elevam
Guardiões silenciosos de eras que se desdobram
Sob a sua sombra, ciclos de vida se renovam
E na dança etérea, o tempo, docemente, se esvai

Mas ah! Que o clamor da ganância não lhe alcance
Nem as chagas da destruição lhe desfigurem, ó, virgem
Que possamos ser guardiões, não algozes, por esperança
E que o seu chamado ressoe, despertar, urgente, fulgente

Por ti, floresta virgem, minha ode, minha prece
Que o teu chamado ecoe em corações e mentes
Que aprendamos a viver, a amar, o que a terra oferece
E que a sua eterna canção, guie os nossos passos, à frente

Vestígios de Plástico, Oceanos de Dor

Nas vastidões azuis que cercam e definem o nosso mundo, um drama silencioso se desenrola, tecendo uma narrativa de negligência e devastação. Os "Vestígios de Plástico, Oceanos de Dor" é mais do que uma série de palavras; é um clamor por consciência, um espelho refletindo a sombria realidade da poluição marinha. Este título não apenas evoca imagens de beleza manchada e ecossistemas em colapso, mas também convoca a humanidade a confrontar as consequências das suas ações. Com a esperança de despertar almas adormecidas e incitar mudanças profundas, mergulhamos nas águas turvas dessa crise, através da arte da poesia, para explorar a dolorosa verdade que reside abaixo da superfície.

Os "Vestígios de Plástico, Oceanos de Dor" um apelo à ação, um grito pela vida que ainda pulsa sob as ondas. Que estas palavras sirvam como um farol, guiando-nos de volta ao caminho da responsabilidade e da sustentabilidade. Que possamos todos ouvir o chamado dos oceanos e responder com coragem, amor e respeito, trabalhando para devolver aos mares a pureza e o esplendor que merecem. Que este seja o legado que escolhemos deixar: não de dor, mas de recuperação e renovação.

Vestígios de Plástico, Oceanos de Dor

Navego por mares outrora límpidos, agora cobertos
Por um véu de plástico, herança do descaso
Onde a vida marinha, em lamentos abafados, é sufocada
E os corais, em seu silêncio, choram, descoloridos

Aqui jazem, não tesouros, mas vestígios de nossa era
Fragmentos de uma civilização que esqueceu de amar o mar
Cada onda carrega o peso de uma escolha errada
E cada brisa traz o sussurro de um futuro a naufragar

Olho para o horizonte, onde o sol ainda beija o oceano
E me pergunto: onde nos perdemos, nessa jornada?
Quando permitimos que o plástico se tornasse tirano
E nossos oceanos, em campos de batalha desolados?

Peixes dançam, agora, entre fantasmas da sua morada
Num balé macabro com destroços sintéticos
Onde deveria haver vida, só restam cicatrizes
Marcas de um tempo em que o homem se fez predador

Mas ainda há tempo, ecoa uma voz nas profundezas
Uma chamada para erguer-nos acima da indiferença
Limpar o que sujamos, curar o que ferimos
Para que os oceanos possam novamente respirar

Que este réquiem aquático não seja o fim, mas um
despertar
Para a beleza e o mistério que ainda sobrevivem
Nos cantos mais remotos, nos abismos mais profundos
Onde a esperança reside, nas entranhas do mar

O Legado das Espécies Extintas

Num mundo que incessantemente se transforma sob o peso da sua própria existência, "O Legado das Espécies Extintas" emerge como uma ode à memória daqueles que já não caminham, voam ou nadam entre nós. Este título não apenas evoca a perda inestimável de biodiversidade decorrente da ação humana e da indiferença, mas também ressalta a urgência de preservar o que ainda resta. Através do prisma da poesia, visamos gravar a beleza e a tragédia das vidas silenciadas, tecendo um manto de palavras que serve tanto de lamento quanto de chamado à ação.

"O Legado das Espécies Extintas" é um manifesto pela vida em todas as suas formas. Que estas palavras sirvam não apenas como um memorial, mas como uma inspiração para agirmos em defesa da diversidade do nosso planeta. Que possamos aprender com os erros do passado e trabalhar juntos para garantir um futuro onde cada espécie, conhecida ou ainda a ser descoberta, possa ter o seu lugar ao sol. Que este seja o verdadeiro legado da humanidade: não a extinção, mas a coexistência harmoniosa com todas as formas de vida.

O Legado das Espécies Extintas

Nas sombras de um crepúsculo que se estende
Ecoam os passos dos que se foram, deixando apenas
sussurros
Eram eles, os guardiões de segredos milenares
Agora apenas espectros num mundo que esqueceu de
escutar

Lembranças gravadas nas páginas do vento
Histórias não contadas, canções nunca mais cantadas
Cada espécie extinta, um universo irrecuperável
Uma biblioteca de Alexandria incendiada pela indiferença

No silêncio das suas ausências, a natureza clama
Por aqueles que não podem mais defender a sua existência
O dodó, o tigre-da-tasmânia, a ararinha-azul
Nomes gravados no mausoléu da nossa negligência

Mas ainda há tempo, sussurra a esperança nas raízes
profundas
Para reverter o legado de destruição que herdamos
Não como arquitetos do esquecimento, mas como
semeadoras de futuros
Onde cada forma de vida possa florescer, livre e abundante

Que "O Legado das Espécies Extintas" não seja nosso epílogo,
Mas um prelúdio para a redenção e renascimento
Um chamado para erguer-nos, unidos pela vida
Honrando aqueles que se foram, protegendo os que ainda
permanecem

Canção do Agricultor Sustentável

Num mundo onde o verde se mescla com o futuro, onde cada semente plantada é um hino à esperança, emerge a figura emblemática do "Agricultor Sustentável". Este é o guardião dos ciclos naturais, o arquiteto da biodiversidade, tecendo entre as linhas do tempo uma tapeçaria de equilíbrio e renovação. A sua canção, entoada no silêncio das auroras e no crepúsculo dos dias, ressoa como um chamado à consciência coletiva, um convite à reflexão sobre a interconexão de todas as formas de vida.

Neste contexto, a "Canção do Agricultor Sustentável", uma ode àqueles que, com mãos calejadas e coração puro, dedicam-se à arte milenar de cultivar o solo de maneira consciente e harmoniosa, garantindo não só o sustento do presente, mas a preservação do amanhã. Que este poema celebre e mostre a importância da sustentabilidade e do respeito pela Terra, a nossa casa comum. E que cada um de nós possa encontrar, nas próprias ações, maneiras de contribuir para um futuro mais verde, mais justo e mais harmonioso para todos os seres que dividem este belo planeta.

Canção do Agricultor Sustentável

Sob o manto estrelado, na quietude da terra
Ergue-se o semeador de sonhos, o porteiro da era
Com a sabedoria ancestral nos seus olhos a brilhar
Entoa a sinfonia da vida, no ato de semear

Entre os veios da terra as suas mãos desenham futuros
Onde rios de esperança banham campos maduros
Ele dança com o vento, conversa com o sol
Num bailado etéreo, um pacto imemorial

O seu canto é um sussurro nas folhas ao vento
Uma prece de gratidão, um momento de alento
Por cada grão que brota, uma estrela acende
Pela harmonia da existência, o seu esforço se estende

Na paleta do agricultor, o verde é mais que cor
É o tom da sustentabilidade, do cuidado, do amor
Ciclos de vida que se fecham, em abraços de raiz
Onde cada ser é vital, cada escolha, um aprendiz

Pelas sendas do tempo, a sua história é escrita
Não em páginas de papel, mas na terra infinita
"Preservar é resistir", sussurra o vento ao passar
"E cultivar com consciência, é o mais belo modo de amar."

Assim, a canção ecoa, pelas veredas, pelos campos
Um hino de resiliência, entre sorrisos e prantos
E o agricultor sustentável, com a natureza em sinergia
Desperta no coração do mundo, a mais pura poesia

O Renascer dos Rios Urbanos

No cinzento das cidades, onde o cimento reina soberano e a natureza parece ter sido relegada a um plano distante, surge um fenómeno de renovação e esperança: o renascer dos rios urbanos. Esses cursos d'água, outrora esquecidos ou ocultados pela expansão urbana desenfreada, começam a reivindicar o seu espaço, trazendo consigo uma mensagem de resiliência e equilíbrio. Este movimento não é apenas uma reconquista física, mas também simbólica, representando a possibilidade de coexistência harmoniosa entre o urbano e o natural, entre o progresso humano e a preservação ambiental.

Assim, "O Renascer dos Rios Urbanos" é um poema que registará a essência dessa transformação, retratando não apenas a ressurgência física desses corpos d'água, mas também o renascimento de uma consciência coletiva voltada para a sustentabilidade e o respeito à natureza. Por meio de palavras cuidadosamente escolhidas e imagens poéticas, tentaremos pintar o quadro dessa jornada de renovação, celebrando os pequenos e grandes triunfos que marcam o caminho em direção a um futuro mais verde e mais vivo dentro dos nossos espaços urbanos.

Que "O Renascer dos Rios Urbanos" inspire uma contemplação mais profunda sobre o nosso papel enquanto habitantes e cuidadores das nossas cidades. E que, ao reconhecermos a importância desses rios, possamos também redescobrir a nossa conexão intrínseca com a natureza, promovendo um ambiente urbano mais saudável, mais sustentável e infinitamente mais vivo.

O Renascer dos Rios Urbanos

Nas veias do cinzento, uma pulsão de vida se anuncia
Rios esquecidos despertam, desafiando a utopia
Debaixo de pontes e de ruas, as suas águas ressurgem audazes
Cantando hinos de liberdade, em murais de azulejos vivazes

Emerge, então, da sombra, o líquido precioso
Desatando os nós do esquecimento, sereno e gracioso
As suas margens, outrora secas, agora se vestem de verde
E a cidade, surpresa, aos seus sussurros se atém e se perde

O renascer dos rios urbanos, no seu curso, desenha esperança
Ressoa como um lembrete, uma mudança de lança
Não mais feridas abertas no tecido da terra
Mas artérias pulsantes de um novo ciclo que se descerra.

Peixes dançam nas correntezas, aves alçam voo em revoada,
A natureza reclama o seu espaço, com voz renovada
E o homem, observador, aprende a lição fundamental
Que cada rio resgatado é um passo contra o desequilíbrio ambiental

Por entre viadutos e edifícios, o verde se entrelaça
Transforma paisagens, uma visão que jamais se esvaeça.
"Onde a água flui, a vida segue", murmura o vento, profeta
E na reconexão com os rios, a cidade encontra a sua meta

O renascer dos rios urbanos não é apenas renovação
Mas um manifesto vivo, um chamado à reflexão
Sobre como delineamos as nossas moradas, sobre o legado a deixar
Para que nas águas que fluem, possamos nos espelhar

Sob a Sombra das Turbinas Eólicas

Num mundo sedento por soluções sustentáveis, onde o clamor por energias renováveis ecoa por entre as vozes da modernidade, erguem-se majestosas as turbinas eólicas. Como sentinelas do futuro, elas cortam os céus, capturando a essência dos ventos para transformá-la em energia vital. "Sob a Sombra das Turbinas Eólicas" é um canto à harmonia potencial entre o desenvolvimento humano e a preservação do meio ambiente. Este poema explorará a complexidade dessa coexistência, por meio de uma linguagem rica e variada, tecendo palavras como se fossem os próprios fios de energia que ligam a humanidade ao seu futuro sustentável.

Com cada verso, desvendaremos os múltiplos significados que habitam sob as sombras destas gigantes, não apenas no sentido literal, mas também no simbólico, refletindo sobre os impactos, desafios e esperanças que acompanham esta forma de geração de energia. Mergulharemos nas profundezas de uma realidade onde a tecnologia e a natureza dançam juntas, conduzindo-nos por um caminho de luz, vento e renovação.

Sob a Sombra das Turbinas Eólicas

Nas terras onde o vento sussurra segredos antigos
Erguem-se gigantes, guardiões dos caminhos benditos
As suas lâminas, como asas de titãs, cortam o azul infinito
Apanham sussurros etéreos, em rituais místicos

Nas sombras das turbinas, a terra repousa, serena
Testemunha da aliança entre o homem e a esfera terrena
Cada rotação, um feitiço que desvela poderes ocultos
Transformando brisa em luz, em milagres nunca vistos

As sombras dançam, tecendo histórias no chão
Narrativas de progresso, união e conservação
Aqui, onde o vento é oráculo, mensageiro da mudança
A esperança floresce, forte, desafiando a balança

Por entre campos e colinas, as turbinas elevam-se, altivas
Monumentos de um tempo novo, silhuetas distintivas
Elas falam de futuros possíveis, de sonhos a realizar
Na sua guarda, a promessa de um mundo a salvar

Sob as suas sombras, também moram com perguntas,
Sobre a terra que acolhe, sobre as vidas que juntam,
Buscam equilíbrio, entre o dar e o receber
Na dança do vento, aprendemos a crescer

"Sob a Sombra das Turbinas Eólicas", a história se
desdobra
Um poema de força e fragilidade, onde cada verso cobra
Consciência e ação, num chamado à reflexão
Sobre como realçamos o legado da nossa geração.

Réquiem pelo Gelo Polar

Num mundo onde as mudanças climáticas desenham novos contornos no mapa da nossa realidade, o gelo polar emerge como um símbolo pungente dessa transformação. O poema "Réquiem pelo Gelo Polar" é um lamento, uma elegia dedicada às vastas extensões de branco e azul que, dia após dia, se rendem ao calor implacável de uma Terra febril. Este poema capturará a beleza frágil e a trágica efemeridade dessas paisagens, tecendo palavras num conjunto de emoções e reflexões sobre a perda, a responsabilidade e a urgência de ações para preservar o que ainda resta do nosso mundo congelado.

Este poema aspira a ser uma voz que ecoa os gritos silenciosos do Ártico e da Antártida, lembrando-nos de que cada floco de neve derretido carrega consigo histórias milenares e um apelo por atenção. Elevando-se nas palavras, pretende-se aqui não apenas lamentar, mas também inspirar uma consciência mais profunda sobre o impacto das nossas ações no planeta e na complexa teia da vida que ele sustenta.

Este poema mostra-nos a fragilidade do nosso planeta, mas também da força que possuímos quando escolhemos agir em defesa da vida, da natureza e das maravilhas que ainda podemos preservar para os vindouros.

Réquiem pelo Gelo Polar

No reino onde o silêncio canta, e o frio reina soberano
Onde o branco infinito encontra o céu, num abraço
profano
Lágrimas de gelo choram, num lamento sem voz
Pelas terras ancestrais, agora submissas a nós

Eis o réquiem pelo gelo, pela beleza que se esvai
Por cada iceberg que desfalece, enquanto o mundo trai
Testemunhas de éons, guardiãs do tempo imemorial
Sucumbem ao sopro quente, ao destino terminal

Oh, vastidões polares, berços de luz e sombra
Que narram a saga da Terra, em cada fissura, cada lombra
As vossas almas congeladas, agora vertem lágrimas salgadas
Em oceanos que se elevam, por promessas desonradas

Sob a aurora boreal, um espetáculo de despedida
Cores dançam no céu, pintando a cena mais sentida
O gelo se retrai, deixando à mostra feridas abertas
Na carne do mundo, por nossas mãos incertas

Mas ainda há esperança, na melodia do vento gelado
Um chamado para o despertar, para o pacto renovado
Para honrar o legado dos gigantes que caem
E salvar o futuro, que nas nossas escolhas jaz

"Réquiem pelo Gelo Polar", um poema, uma prece
Pelo que foi, pelo que resta, pelo que ainda arde e aquece
Que as palavras aqui tecidas, em tristeza e beleza
Inspirem ação, reflexão, e uma nova fortaleza

Murmúrios da Terra Árida

Nas vastidões esquecidas, onde a terra se encontra com o infinito do céu, há um diálogo silencioso, mas profundo, que ressoa. Os "Murmúrios da Terra Árida" capturará esse diálogo, essa comunicação quase impercetível entre a terra desolada e os céus imensuráveis. Este título não é apenas uma frase; é uma janela para um mundo onde a escassez e a beleza caminham de mãos dadas, onde cada grão de areia tem uma história para contar, e cada brisa traz consigo os segredos guardados pelo tempo.

Este poema aspira a transcender o simples ato de ler, elevando o espírito à compreensão de que, mesmo nos lugares mais inóspitos, existe uma vida vibrante, uma força persistente que clama por reconhecimento. Aqui, as palavras são escolhidas cuidadosamente, não apenas para pintar imagens, mas para invocar emoções, provocar reflexões e celebrar a resiliência tanto da terra quanto dos que habitam esses espaços áridos.

Que cada verso sirva como um convite para ouvir mais atentamente os sussurros da terra, reconhecendo a beleza e a tenacidade presentes na luta diária pela vida, mesmo nas condições mais adversas.

Murmúrios da Terra Árida

No horizonte infinito, onde a terra beija o céu
Um sussurro serpenteia, entre o solitário e o véu
Árida vastidão, palco de desolação
Mas também de resistência, de inaudita paixão

Aqui, onde o sol reina supremo, no seu trono de fogo
E a chuva é uma memória, um sonho distante, um jogo
A terra rachada, como pele antiga, conta as suas histórias
De tempos de abundância, de perdas, de efémeras glórias

Os murmúrios elevam-se, em ondas de calor tremulante
Narrativas de raízes profundas, de um desejo vibrante
De brotar, de florescer, contra todas as probabilidades
Num testemunho de força, de indomáveis vontades

Catos erguem-se, como sentinelas da imensidão
Guardiões de segredos, maestros de uma silenciosa
canção
Eles falam de adaptação, de sobrevivência, de arte
De encontrar beleza, onde a vida parece se aparte

Sob a lua, a terra árida se transforma, revela o seu encanto
Um espetáculo de sombras e luz, um sagrado recanto
Onde o silêncio fala mais alto, onde cada pedra e grão
São parte de uma sinfonia, de uma eterna canção

"Murmúrios da Terra Árida", uma ode ao persistir
À sabedoria inscrita no deserto, ao incessante aspirar
Que as palavras aqui entoadas, em reverência e admiração
Inspirem almas a ouvir, a valorizar cada palpitação

O Sonho da Casa Verde

Num mundo onde o cimento muitas vezes sufoca o verde, "O Sonho da Casa Verde" emerge como uma lufada de ar fresco, trazendo consigo a promessa de renovação. Este título não é apenas uma coleção de palavras, mas um convite para embarcar numa jornada rumo à reconexão com o nosso planeta. A Casa Verde simboliza um santuário, um refúgio onde a harmonia entre o homem e a natureza não apenas é possível, mas é vivida intensamente.

Este poema propõe-se a ser mais do que uma obra de arte; aspira a ser um grito de guerra contra a indiferença, uma celebração da vida em todas as suas formas. Cada verso carrega o peso da responsabilidade e o poder da esperança, desafiando-nos a olhar além do horizonte cinzento que construímos ao nosso redor.

Neste poema, a palavra se eleva como ferramenta de mudança, cada sílaba uma semente plantada no solo fértil das mentes abertas. "O Sonho da Casa Verde" é uma visão, um manifesto poético clamando por um futuro onde o verde prevaleça, onde os sonhos de coexistência pacífica e sustentável se tornem realidade.

Que "O Sonho da Casa Verde" ressoe como um chamamento para a consciencialização e a atuação em prol de um mundo mais sustentável e harmonioso. Que cada verso inspire não apenas a admiração pela beleza do nosso planeta, mas também a urgência em protegê-lo. Que a Casa Verde deixe de ser um sonho distante e se torne um símbolo tangível do nosso compromisso com a vida, em todas as suas formas e expressões.

O Sonho da Casa Verde

Num canto esquecido, onde o tempo parece parar
Ergue-se a Casa Verde, sob o vasto olhar do luar
Ela fala de um sonho, tão antigo quanto o vento
De um mundo repleto de verde, sem lamento

As paredes são tecidas com vinhas de esperança
O teto, um mosaico de folhas, numa dança
Janelas abertas para o amanhã, em contemplação
Da sinfonia da vida, na sua plena expansão

No jardim, a diversidade é a rainha soberana
Cada flor, cada árvore, uma história arcana
Insetos e aves, num balé de cores e sons
Celebram a vida, longe das prisões e dos tons

A Casa Verde é mais do que um mero lugar
É uma recordação de que podemos sonhar
Com um mundo onde o verde cobre a dor
Onde a natureza e o homem são pintores e cor

Mas o sonho da Casa Verde vem com um alerta
De que o tempo é escasso, a porta está aberta
Para mudanças, para escolhas, para a ação
Antes que reste apenas o vazio na imensidão

Este poema é um farol
Ilumina caminhos para um novo sol
Onde o verde prevalece, onde a vida é sagrada
E a Casa Verde não é sonho, mas realidade almejada

Além do Horizonte de Carbono

"Além do Horizonte de Carbono" é uma ode à urgência de transcendermos os limites do nosso impacto ambiental, um convite a olhar para além do véu cinza que encobre as nossas esperanças e sonhos de um futuro mais verde. Este título não serve apenas como uma premissa poética, mas como um manifesto, um chamado à ação para reconhecermos e enfrentarmos o desafio colossal que é a mudança climática.

Mediante um mosaico de palavras cuidadosamente escolhidas, este poema tecerá uma realidade onde o despertar coletivo para a sustentabilidade não é apenas necessário, mas iminente. Ele leva-nos numa jornada através da escuridão da ignorância e do desespero, em direção a uma luz de esperança e renovação. Cada estrofe é um passo para fora da sombra do carbono, rumo a um amanhã onde a humanidade e a natureza coexistem em harmonia.

Neste poema, o estilo transforma-se como as estações, refletindo a diversidade de emoções e perspetivas que o tema evoca. "Além do Horizonte de Carbono" deseja ser mais do que belas palavras; anseia ser um eco na consciência de quem o lê, um grito por mudança que ressoa no silêncio da complacência. Que a suas palavras sirvam de inspiração para olharmos além do imediato, para reconhecermos a beleza e a fragilidade do nosso planeta. Que possamos todos ser agentes de mudança, trilhando juntos o caminho em direção a um futuro sustentável, onde o horizonte de carbono é apenas uma lembrança de um passado do qual aprendemos a crescer.

Além do Horizonte de Carbono

Por entre véus de fumaça, os nossos olhos procuram ver
Além do horizonte de carbono, o amanhecer
Um mundo onde o céu volta a ser azul
E o verde da terra não é mais tão subtil

Os nossos passos, embora trôpegos, seguem com fé
Cruzando desertos de cinzas, buscando um café
Onde as árvores contam histórias, não de desolação
Mas de renascimento, força e purificação

As cidades, labirintos de concreto e dor
Transformam-se em jardins, onde cada flor
É um lembrete da nossa capacidade de amar
De curar as feridas, de voltar a sonhar

Neste caminho, somos peregrinos da esperança
Armados com a verdade, a nossa lança
Contra o dragão da indiferença, lutamos
Com a armadura da consciência, avançamos

Além do horizonte de carbono, vislumbramos a luz
Um mundo onde cada gesto, cada ato, traduz
O respeito pela vida, em todas as suas formas
Onde a paz com a Terra, finalmente, reformas

Que este poema seja um mapa para essa viagem
Um guia para escaparmos da atual miragem
Além do horizonte de carbono, há um lugar
Onde juntos, podemos aprender a amar

Oásis de Vida no Deserto de Cimento

Neste universo urbano, onde o cimento parece engolir cada centímetro de verde, surge a poesia "Oásis de Vida no Deserto de Cimento". Um poema proposto a ser um refúgio lírico, um contraponto à aridez mecanizada da vida moderna. Este poema é uma celebração da resiliência da natureza e da capacidade humana de cultivar beleza e vida no meio à aparente desolação.

Aqui, as palavras são sementes lançadas ao vento, buscando terreno fértil nos nossos corações.O poema evolui como uma sinfonia de cores, sons e texturas, desafiando a monotonia cinzenta que domina as paisagens urbanas. É uma viagem sensorial, um convite para abrir os olhos e ver além do óbvio, para descobrir e valorizar os pequenos oásis de vida que resistem e florescem no deserto de concreto.

O "Oásis de Vida no Deserto de Cimento" é um manifesto poético, um chamado à contemplação sobre como interagimos com o nosso ambiente e sobre o poder transformador que temos nas nossas mãos. É uma ode à esperança, à criação de espaços de vida e cor no meio da selva de pedra.

O "Oásis de Vida no Deserto de Concreto" mostra-nos que, mesmo nos ambientes mais improváveis, a vida encontra uma maneira de prosperar. Que esta poesia inspire a todos a serem jardineiros urbanos, cultivando não apenas plantas, mas esperança e beleza no dia a dia. Que possamos todos contribuir para que os desertos de cimento se transformem em mosaicos de vida e diversidade.

Oásis de Vida no Deserto de Cimento

No coração da urbe, onde o sol reflete
Em espelhos frios, o calor obsoleto
Há um sussurro, um verde segredo
Um oásis de vida, contra o cinzento

Pelos cantos esquecidos, nas rachaduras
Desabrocham flores, puras esculturas
Desafiam o cinza, com cor e aroma
Transformam o nada, numa nova soma

Netse deserto de pedra, ecoa um canto
De pássaros que ignoram o pranto
Da cidade que nunca dorme, mas sonha
Com o verde que pela janela ronrona

Árvores em calçadas, guerreiras solitárias
Estendem os seus braços, raízes imaginárias
Em cada folha, uma história de resistência
Um pulmão que inspira, vida em essência

Pessoas passam, algumas nem veem
Mas há quem pare, admire e semeie
Em pequenos gestos, uma revolução
Plantando futuros, na palma da mão

Este oásis no deserto, não é miragem
É prova de amor, de coragem
Que mesmo na selva de cimento e metal
A vida encontra um caminho, um sinal

Harmonia entre Espécies

Num mundo onde a dissonância parece dominar as relações entre as espécies, o poema "Harmonia entre Espécies" emerge como um farol de esperança, iluminando caminhos possíveis para uma convivência pacífica e respeitosa. Este trabalho poético transcenderá os limites do ordinário, desafiando-nos a vislumbrar um futuro no qual a harmonia reine suprema.

Cada verso é um convite à ponderação sobre a nossa interconexão com todas as formas de vida que partilham este planeta connosco. "Harmonia entre Espécies" não se contenta em apenas pintar um quadro utópico; ele questiona, instiga, e acima de tudo, inspira ação. É uma ode à biodiversidade, um reconhecimento da beleza intrínseca em cada ser vivo e um apelo urgente para mudarmos as nossas atitudes e comportamentos em prol de um equilíbrio sustentável.

Este poema é uma viagem — uma exploração lírica das possibilidades infinitas que se abrem quando nos permitimos sonhar com um mundo onde humanos, animais e natureza coexistam em perfeita sintonia. Preparado para embarcar nesta jornada poética? Que as palavras que seguem sirvam de bússola para guiar os seus pensamentos e ações rumo à construção de um futuro mais empático e harmonioso.

Harmonia entre Espécies

No vasto céu azul, num balé silencioso
As folhas dançam ao vento, gracioso
Num mundo partilhado, mas dividido
Busca-se a harmonia, um sonho esquecido

Nas profundezas dos mares, nos altos dos céus
Em cada canto da Terra, sob os véus
Milhares de espécies, em sinfonia
Tecem a trama da vida, em plena utopia

Humanos, guardiões ou predadores?
Construtores de pontes ou causadores de dores?
Na encruzilhada do destino, uma escolha a fazer
Pela harmonia entre espécies, um novo amanhecer

Com mãos que ferem, mas também que curam
Podemos escrever um futuro, que a todos segura
Onde o respeito floresce, e o amor é lei
E cada ser vivo, livre, o seu espaço rei

Não mais muros, mas jardins partilhados
Onde humanos e não humanos, lado a lado
Celebram a vida, na sua rica diversidade
Rompendo as correntes da insensibilidade

Que este poema seja mais do que palavras ao vento
Um manifesto, um movimento, um novo alento
Por um planeta onde a harmonia não seja rara
Mas o fundamento de uma nova era

A Revolução das Sacolas Reutilizáveis

Numa era marcada pela urgência de respostas a dilemas ambientais, surge um movimento silencioso, mas poderoso, que carrega nas suas fibras a promessa de transformação. "A Revolução das Sacolas Reutilizáveis" não é apenas uma mudança de hábitos, mas um símbolo potente de resistência contra o descartável, o efémero e o prejudicial. Este poema tem em vista ser o eco dessa revolução, uma voz levantada,suave, porém determinada, clamando por um amanhã mais verde e sustentável.

Neste poema as palavras são tecidas com mestria, procurando nos gestos que, somados, podem conduzir a mudanças significativas. Por meio de versos que flutuam entre o lírico e o incisivo, o poema desvela a beleza intrínseca na escolha de práticas mais conscientes e responsáveis, convidando-nos a refletir sobre o impacto das nossas ações no planeta que chamamos lar.

Prepare-se para ser transportado por uma corrente de palavras que flui poderosa, capaz de alterar perceções e inspirar ações. "A Revolução das Sacolas Reutilizáveis" é um manifesto, um chamado para que cada um de nós seja protagonista na construção de um futuro mais sustentável. Deixe-se levar por esta jornada poética, permitindo que as sementes aqui plantadas germinem no seu coração e floresçam em atitudes transformadoras.

A Revolução das Sacolas Reutilizáveis

Num mundo afogado em plástico
Surge uma esperança, simples, porém drástica
Sacolas reutilizáveis, tecidas em sonhos verdes
Carregam mais que bens; carregam verdades árduas

Não mais o descarte sem cerimónia
Mas um laço que se forma, uma nova colónia
Onde o consumo consciente pavimenta
Caminhos para um planeta que se reinventa

Tecidos em fibra, juta, ou algodão
Cada sacola é um manifesto, uma declaração
De amor à Terra, nossa morada comum
Contra a maré de plástico, um escudo se ergue, num brilho
nenhum

Veleiros no mar de consumo desenfreado
Guiados pela luz de um futuro mais acertado
Uma revolução silenciosa, mas firme na sua missão
De curar as feridas da Terra com cada decisão

Por entre os dedos, tramas de esperança
Na dança das sacolas, uma mudança se lança
Não apenas portadoras de provisões
Mas de ideais, de sonhos, de novas visões

A cada reuso, um passo para frente
Na jornada sustentável, um gesto eloquente
A revolução das sacolas, embora singela
É um capítulo vital na saga da estrela azul e bela

A Promessa da Mobilidade Sustentável

No meio da voragem dos tempos modernos, aonde o ir e vir tornou-se um mantra incessante, emerge a luminosa promessa da mobilidade sustentável. Este conceito, tão vital quanto o ar que respiramos, propõe uma revolução silenciosa nas veias urbanas do nosso planeta. Estamos à beira de uma era onde as viagens não deixarão mais cicatrizes profundas na pele da Terra, mas serão leves toques, carícias de cuidado e respeito.

Com o poema "A Promessa da Mobilidade Sustentável" embarcamos numa jornada poética e vislumbrar um futuro onde cada deslocamento é um pacto com a preservação, cada quilómetro percorrido, uma ode à coexistência harmoniosa entre homem e natureza.

Prepare-se para ser conduzido por corredores de palavras entrelaçadas com a magia da esperança, onde cada estrofe pinta um quadro do que poderíamos alcançar se os nossos passos, rodas e asas movessem-se em sintonia com o pulsar do planeta.

Que as palavras deste poema sejam sementes plantadas nos corações e mentes de todos que as lerem, inspirando mudanças concretas na forma como nos movemos pelo mundo. A promessa da mobilidade sustentável não pertence a um futuro distante; ela está aqui, aguardando que a abracemos com vontade e determinação. Através desta rota de poesia, somos guiados a construir um caminho mais verde, onde cada passo, cada trilho, cada voo, seja um testemunho do nosso compromisso com a vida, em todas as suas formas.

Sem mais delongas, permita que este poema seja o seu guia para um horizonte onde a mobilidade e a sustentabilidade dançam em perfeita harmonia.

A Promessa da Mobilidade Sustentável

No ritmo frenético do mundo a girar
Uma nova canção começa a ecoar
Não mais o ronco surdo do combustível a queimar
Mas o sussurro do vento, a nos guiar

Bicicletas deslizam, com graça, na luz do dia
Carros elétricos traçam caminhos com energia
O transporte público, agora renovado
Une as pessoas, o destino, entrelaçado

Nas asas da inovação, voamos sem temer
Porque cada partida é também um voltar a nascer
Com menos fumaça e mais verde no olhar
A promessa de um amanhã, juntos, alcançaremos

Comboios que deslizam suaves, como rios de esperança
Conectando vidas, sonhos, numa dança
Estradas que respiram, pavimentos que dão vida
Na jornada sustentável, a Terra é agradecida

Pedalar sob o céu, um ato de liberdade
Na simplicidade, encontramos a felicidade
Caminhar, contemplar, sentir cada passo
Na mobilidade sustentável, cada gesto é um abraço

Da promessa tecida em rodas e asas
Surge uma realidade, forte, viva, audaz
Um mundo onde se mover não custa a Terra
Mas a celebra, a honra, e em paz se encerra

Respirar o Ar da Mudança

Numa era onde o zumbido constante da inovação e do progresso muitas vezes se confunde com o murmúrio perturbador da degradação ambiental, emerge um clarão de esperança, uma inspiração profunda que nos convoca a todos para um despertar coletivo. "Respirar o Ar da Mudança" é mais do que um título; é um manifesto, um alerta para a ação, uma súplica poética que é esculpida com palavras escolhidas a dedo, destinadas a tocar a alma e incitar o coração.

Estes versos que capturam a essência do nosso tempo — um momento crítico de decisão, onde cada respiração pode ser um ato revolucionário, um passo em direção a um futuro mais verde, mais limpo, e infinitamente mais esperançoso. Ao evocar imagens de um mundo à beira da transformação, somos desafiados a sermos os arquitetos dessa mudança, a respirarmos juntos o ar puro da possibilidade.

Prepare-se, então, para mergulhar num oceano de metáforas e simbolismos, onde cada palavra é uma onda que nos aproxima da costa da renovação. Permita que este poema seja um vento de mudança nas suas velas, guiando-o através das águas, por vezes turbulentas, da consciencialização ambiental.

Respirar o Ar da Mudança

Sob o véu cinza da alvorada industrial
Uma brisa subtil começa a soprar
Trazendo consigo o doce perfume
De flores silvestres, a proclamar

Eis que surge, entre fumaças e sombras
Um sopro de vida, um vislumbre de luz
Despertando os corações adormecidos
Na melodia suave, a Terra conduz

"Respirem," ela sussurra, "transformem,
Deixem que as suas almas se encham de cor"
Pois cada fôlego é um hino de esperança
Uma oportunidade de tecer um mundo de amor

Nas veias do antigo, o novo pulsa forte
Rios de energia limpa a fluir
Cortando as amarras do velho carbono
Dando espaço ao verde para expandir

Nas asas do vento, mensageiros voam
Espalhando sementes de mudança pelo ar
Plantando sonhos em solos férteis
Onde florescerão, livres para respirar

As cidades, agora, pulsam com vida nova
Onde crianças brincam, respirando fundo
Em praças verdes, sob céus de azul intenso
Testemunhas do renascimento do mundo

Porque respirar o ar da mudança é escolher
A cada momento, o caminho do bem
É encher os pulmões com o futuro
E exalar o passado, sem olhar para trás também

Florescer no Jardim da Sustentabilidade

Numa era marcada pela urgência de ações sustentáveis, onde o clamor por um equilíbrio entre o progresso humano e a preservação do nosso planeta se torna cada vez mais estridente, "Florescer no Jardim da Sustentabilidade" emerge como uma ode lírica à harmonia possível entre o ser humano e a Terra.

Este poema é um convite para adentrarmos esse jardim metafórico, onde cada palavra plantada brota com a promessa de um amanhã mais verde. Somos guiados por este labirinto de esperança, onde a beleza e a resiliência da flora entrelaçam-se com os esforços humanos para criar um futuro sustentável. Através do olhar poético, somos convidados a reconhecer a interdependência de todas as formas de vida e a reimaginar a nossa relação com o mundo.

Florescer no Jardim da Sustentabilidade

No sagrado solo da existência
Sob a égide celeste, azul e vasta
Desabrocham, com resiliente resistência
As flores-da-esperança, puras e castas

Neste jardim, onde a vida se refaz
Sementes de consciência são lançadas ao vento
Raízes de sustentabilidade penetram o solo
Alimentando o amanhã com pensamento atento

O orvalho da manhã, sobre as pétalas, brilha
Refletindo a luz de um sol renovador
Que aquece a terra com a sua energia mansa
Despertando cores vibrantes em cada flor

Aqui, a água é mais do que um mero recurso
É a veia vital que percorre o corpo terrestre
Nutrindo, fluindo, abraçando cada ser
Num ciclo perpétuo, eterno e celeste

As abelhas dançam, no seu balé polinizador
Entre flores que contam histórias de renovação
Cada zumbido, uma nota na sinfonia da vida
Harmonizando natureza e coração

E nós, jardineiros deste Éden moderno
Armados com ferramentas de amor e cuidado
Plantamos mais do que árvores, plantamos futuro
Num solo outrora árido, agora abençoado

Porque florescer no jardim da sustentabilidade
É compreender que cada escolha semeia destino
É cultivar com paciência, paixão e humildade
Um legado de verde, em cada canto e confim

Conclusão

Num cenário onde o delicado sussurro da natureza é frequentemente ofuscado pelo bulício das máquinas e pela marcha implacável do progresso, emerge a poesia como um refúgio de luz, um eloquente apelo à consciência global. Todos os poemas elevam-se acima da mera arte da palavra; eles servem como veículo de elucidação, destinados a despertar nos corações e mentes a necessidade premente de agir pela sustentabilidade e pela preservação de nosso mundo. Cada obra oferece uma visão única sobre os desafios ambientais que enfrentamos, abordando desde o pesar pela destruição até a esperança inspirada por ações humanas positivas. Portanto, este conjunto de poemas revela-se como um campo rico de emoções e reflexões, entrelaçando tristeza e esperança, inércia e ação, extinção e renovação. Com um léxico cuidadosamente escolhido e uma expressão poética profunda, somos conduzidos por uma viagem literária que aspira não só a emocionar, mas a incitar uma transformação palpável.

O Poema Final

No crepúsculo onde gigantes verdes suspiram
Ecos da floresta no seu último alento vibram
Rios choram sob o olhar frio do sol
A terra entoa um réquiem, um doloroso farol

Nas veias do mundo, a reciclagem entoa
Uma sinfonia de renovação, esperança que ecoa
Raízes em busca de um céu purificado
Dançam com o vento solar, destino entrelaçado

A terra, no seu lamento esquecido, semeia
Esperança no asfalto, na cinza que permeia
Energias do amanhã despertam, fervilham
Elegias aos corais, outrora vivos, brilham

Mãe Terra, no seu abraço, relembra
Ciclos eternos, futuros agora tremem
Pétalas solares acariciam o rosto do desespero
E a última baleia canta, num adeus sincero

Marchamos ao eco de um consumo consciente
Guardiões da biodiversidade, amor evidente
Atendemos ao chamado da virgem floresta
Enfrentamos oceanos de dor, uma batalha honesta

Honramos o legado das espécies silenciadas
Com a canção do agricultor, terras abraçadas
Rios urbanos renascem, em purificação
Sob turbinas eólicas, testemunhas de uma nova visão

Réquiem pelo gelo polar, em sussurro partilhamos
Na aridez, por um lar verde sonhamos
Além do carbono, um novo amanhecer aguardamos
Em oásis de vida, no cimento, brotamos

Harmonia entre espécies, sacolas se revolucionam
Promessas de mobilidade sustentável ressoam
Inalamos o ar da transformação
No jardim da sustentabilidade, somos florescimento e
canção

Fim.

www.ingramcontent.com/pod-product-compliance
Lightning Source LLC
Chambersburg PA
CBHW040813120726
48005CB00012B/1403